Inhalt

Branchenreport TOURISMUS Ausgabe 1/2011

Branchenreport TOURISMUS Ausgabe 1/2011

Cornelia Preissler

Kernthesen

- Für die Touristik in Deutschland war 2010 ein Spitzenjahr und 2011 soll nun alle Rekorde toppen.
- Die Deutschen waren wieder Reiseweltmeister und verreisten 310 Millionen Mal ins In- und Ausland, was einem Plus von drei Prozent entspricht.
- Mit 1,6 Milliarden Übernachtungen und einem Reisebudget von 132 Milliarden Euro wurde eine Steigerung um fünf Prozent erreicht.
- Das Incominggeschäft nach Deutschland entwickelt sich weiterhin nach oben. Die Zahl der Übernachtungen ausländischer

Gäste lag in 2010 bei 60,3 Millionen.
- Terroranschläge und Umweltkatastrophen verunsichern Urlauber weltweit.

Beitrag

Das Reisejahr 2010

2010 liegt als Spitzenjahr noch im Kurzzeitgedächtnis. Die Deutschen waren mal wieder die Reiseweltmeister und verreisten 310 Millionen Mal ins In- und Ausland, was einem Anstieg um drei Prozent entspricht. Mit 1,6 Milliarden Übernachtungen und einem Reisebudget von 132 Milliarden Euro erreicht Deutschland eine Steigerung um fünf Prozent. Die Branche ist sich einig, 2010 war ein gutes Jahr. Die Wirtschaftskrise scheint überwunden und die Nachfrage nach Urlaubs- wie Kurzreisen zieht an. Nicht nur die Reiselust steigt, auch die Bereitschaft Geld auszugeben. Haben die Deutschen in 2009 noch 820 Euro pro Jahr für Urlaub ausgegeben, waren es in 2010 schon 845 Euro. Und die Aussichten für 2011 bleiben rosig. In quasi allen Segmenten der Reisebranche liegen die Umsätze aktuell über Vorjahr. (11), (21), [Abb. 1]

Gastgewerbe und Incoming

Die Destination Deutschland ist bei In- und Ausländern beliebt wie nie. Nach Angaben des Statistischen Bundesamtes verzeichnete die Hotellerie 2010 einen Anstieg der Übernachtungen um 3,2 Prozent auf 380,3 Millionen. Der höchste Wert, der seit der Wiedervereinigung gemessen wurde. Von 2006 bis 2010 nahmen die Übernachtungen deutscher Urlauber im Inland von etwa 299 Millionen auf 320 Millionen zu. Weiterhin nach oben entwickelt sich auch das Incominggeschäft, die Zahl der Übernachtungen ausländischer Gäste stieg um zehn Prozent auf 60,3 Millionen. Im ersten Quartal 2011 hat sich mit einem Plus von drei Prozent die positive Entwicklung bei den Gästeübernachtungen fortgesetzt. Im Winterhalbjahr 2010/2011 beurteilen 35 Prozent der Beherbergungsbetriebe ihre Geschäftslage als gut. Die Lage in der Hotellerie stellt sich damit so gut dar wie seit langem nicht mehr. Auch wirkt sich nach Untersuchungen des Bundesverbandes DEHOGA die zum 1. Januar 2010 eingeführte Mehrwertsteuerentlastung inzwischen positiv aus. Die Betriebe investieren wieder. 860 Millionen Euro wurden für Neuanschaffungen, Renovierungen und Modernisierungen ausgegeben und im Zuge dessen wurden weit über 6 000 neue Arbeitsplätze geschaffen. Problematisch sehen die

Beherbergungsbetriebe allerdings mögliche Abgaben auf Gästeübernachtungen und eine Änderung der Rundfunkgebühren. Hier könnten die Kosten erheblich steigen. (4), (13), (16), (17)

Deutschland legt weiterhin kräftig zu und baut kontinuierlich sein positives Image aus. Seit der Fußball WM 2006 und dem damit eingekehrten Imagewandel Deutschlands reisen Touristen wie auch Geschäftsreisende in Scharen an. Letztere nehmen mit fast einem Drittel aller ausländischen Einkünfte eine wichtige Rolle ein. 2010 hatte Deutschland insgesamt zwölf Prozent mehr ausländische Touristen als in 2009. Betrachtet man die Besucherzahlen, ist Deutschland weltweit eines der attraktivsten Reiseziele. Dabei sind Gäste aus den Nachbarländern die häufigsten Besucher. Vierzig Prozent der gesamten internationalen Reiseeinnahmen kamen 2010 von Gästen aus der Schweiz, den Niederlanden, Frankreich und Österreich. Die wichtigsten Besucher aus Übersee stammten aus den USA. Hier konnte Deutschland elf Prozent mehr Gäste verzeichnen. (17), (18)

Vorreiter in Sachen Hotelübernachtungen bleibt Bayern, das allein ein Fünftel aller Inlandsübernachtungen verbucht. Das entspricht in etwa 64 Millionen. Die Hotels in den Großstädten profitieren vor allem vom aktuellen

Geschäftsreiseboom. Doch auch im Bezug auf Event-, Shopping- und Kulturreisen werden deutsche Städte zunehmend beliebter. So hatte beispielsweise Berlin als Städtereisedestination bis Mitte Dezember 2010 die 20 Millionen Übernachtungsgrenze erreicht. Für 2011 werden weiterhin Zuwächse erwartet. Die Hoteliers können also zufrieden sein. (16), (18)

Die Gastronomiebetriebe konnten im letzten Jahr vom Aufschwung noch nicht profitieren, sie verzeichneten 2010 erneut ein leichtes Umsatzminus von rund einem Prozent. Doch inzwischen zeichnet sich auch hier eine Trendwende ab. Das Statistische Bundesamt meldete für das erste Quartal 2011 ein Umsatzplus von 2,7 Prozent für das Gaststättengewerbe. Die steigende Binnennachfrage und der anhaltend starke Deutschlandtourismus lässt die Betriebe wieder zuversichtlicher in die Zukunft blicken, 36 Prozent rechnen für 2011 mit besseren Geschäften. (17)

Urlaubsreisen

Die Deutschen entdecken ihr eigenes Land als Urlaubsdestination wieder. War Deutschland noch vor einigen Jahren aus Sicht der Statistiker touristisch dem Tode geweiht, lebt der Tourismus im Inland nach einem schon starken 2010 auch 2011 weiter auf. Deutschland ist beliebt, im In- wie im Ausland. Gründe dafür sind die gute Planbarkeit der Reise, die

Kurzfristigkeit, preiswerte Anreisemöglichkeiten sowie die Preissicherheit der Reise. Zwar verkürzten sich die Aufenthaltstage an einem Ort um 0,8 Tage, nach durchschnittlich drei Tagen wird der Urlausbort gewechselt, dafür wird häufiger verreist. Für diese Reisen werden klar die Küstenregionen und der Süden Deutschlands bevorzugt. Aber auch Städtetouren etwa nach Berlin, München, Bremen oder Hamburg haben zugelegt. Zudem bieten Tourismusverbände Wellness- und Medizinreisen an, nutzen für Themenjahre beispielsweise den 200. Geburtstag von Franz Liszt oder punkten über Events wie der Fußball-Frauen WM. Die Destination Deutschland ist jung und frisch geworden. (4), (7), (18), [Abb. 2]

Keine Reiseart lief in 2010 so gut wie die Kreuzfahrten, sie verbuchten 2010 über 1,6 Millionen Gäste. Für alle Reedereien war es ein durchweg positives Jahr mit Umsatzsteigerungen von über zehn Prozent. Hochseekreuzfahrten verzeichneten 2010 einen Umsatz 2,1 Milliarden Euro, Flusskreuzfahrten 472 Millionen Euro. (19)

Die Hitliste der beliebtesten Reiseländer der Deutschen führt auch in 2010 wieder Spanien an. Mit 6,6 Milliarden Euro wurden rund 200 Millionen Euro mehr für Urlaub in Spanien ausgegeben als in 2009, ein Plus von vier Prozent. Dicht dahinter auf Platz zwei liegt Österreich. Hier stiegen die Reiseausgaben 2010 um fünf Prozent auf 6,3 Milliarden Euro. Gerade im Sektor Winterurlaub konnte Österreich zulegen und das zum großen Bedauern der Schweiz, die in 2010 Marktanteile an Österreich verloren haben. Italien steht auf Platz drei der Top Ten Liste der beliebtesten Urlaubsländer der Deutschen. Mit 0,8 Prozent Steigerung zum Vorjahr gaben die Deutschen hier 5,3 Milliarden Euro aus. Frankreich muss sich mit Platz vier zufrieden geben. Obwohl hier der Marktanteil seit Jahren stabil bleibt, wurden nur 3,9 Milliarden Euro ausgegeben. Wie schon erwartet haben sich die Reiseausgaben der Deutschen in der Türkei wieder erhöht und das um ganze 18 Prozent. Mit ein Grund dafür dürfte die Krise in Griechenland sein. Trotz Ölkatastrophe im Golf von Mexico konnte die USA bei den Fernreisezielen zulegen. So gaben deutsche Reisende in 2010 drei Milliarden Euro in den USA aus. Durch die Fußballweltmeisterschaft hat in 2010 zudem ein Reiseboom nach Südafrika stattgefunden. Die Zahl der Touristen stieg im Vergleich zu 2009 um ein Zehntel. Durch dieses sportliche Großereignis wird Südafrika wieder verstärkt als Reiseziel wahrgenommen und gezielt angefragt. Doch auch asiatische Reiseziele zogen in 2010 wieder an. (18), (19)

Geschäftsreisen

Die ansteigende Konjunktur hat den Bereich Business Travel 2010 besonders belebt. Nach dem Geschäftsreisetief ab 2008 gibt es immer noch Nachholbedarf. Travelmanager dürfen wieder ran. Gerade die Ziele Asien und Orient sind hier im Aufstreben. Den Firmen geht es finanziell wieder besser. Da kommt man schnell in Versuchung die neuerworbene Videokonferenzanlage einzumotten und wieder die Geschäftspartner im Ausland zu besuchen. Die Geschäftsreiseumsätze stiegen von 5,7 Milliarden in 2009 auf 6,7 Milliarden Euro in 2010. Internationale Geschäftsreisen sollen, laut einer Prognose der GBTA in 2011 wiederum um 7,9 Prozent steigen. Das kurbelt natürlich die Laune der Geschäftsreiseanbieter und deren Abschlüsse an. (19)

Natürlich bleibt beim Anfachen der Geschäftsreiseflamme eine Preissteigerung nicht aus. So stiegen die Preise für Hotelübernachtungen, Bahn und Flüge um 2,5 Prozent. Und trotz des Booms ist der Sparfuchs in den Köpfen immer noch an vorderster Front. Da in der Vergangenheit Geschäftsreisende oft mit knappem Budget unterwegs waren, haben die Travelmanager die Charter- und Billigairlines entdeckt. Air Berlin und Co. freuen sich über die zahlungskräftigen Geschäftsreisekunden, die so manchen Ferienflieger füllen. Auf innerdeutschen Flügen ist die Air Berlin der Lufthansa dicht auf den Fersen und nimmt hier mittlerweile Platz zwei für sich ein. Da auf Kurzstrecken aufgrund des Sparkurses der letzten Jahre vergleichsweise wenig Businesstickets verkauft wurden, kommen die Angebote der Lufthansamitbewerber nun gerade recht. Die attraktiven Städteverbindungen werden auch in 2011 wieder sehr gut gebucht. (1), (3), (8)

Veranstaltermarkt/Reisebüros/Onli Reisemarkt

Für die Veranstalter ging es 2010 aufwärts. Für das Reisejahr 2009/2010 konnten die Veranstalter ein Umsatzplus von etwa drei Prozent auf 21,3 Milliarden Euro vermelden. Mit dem Rückgang des Reisepreises nahm die Zahl der Urlauber um fünf Prozent zu. Die Touristikunternehmen blicken positiv in die Zukunft. (18)

Der führende Reiseveranstalter in Deutschland ist **TUI Deutschland** mit einem Marktanteil von mehr als 20 Prozent und mit einem Umsatz von 4,5 Milliarden Euro. Der Verbund der Londoner **TUI Travel plc** ist gleichzeitig europaweiter Marktführer mit einem Gesamtumsatz von rund 16 Milliarden Euro. Um im hart umkämpften Markt auch weiterhin seinen großen Marktanteil zu bewahren setzt TUI in Deutschland voll aufs Internet. Mittelfristig will man rund zwanzig Prozent des Umsatzes über Online-Plattformen erwirtschaften, bisher sind es gerade mal sechs Prozent. (24)

Der britisch-deutsche Reiseveranstalter **Thomas Cook,** Europas zweitgrößtes Touristikunternehmen, vermeldete im Konzern für das Ende September 2010 abgelaufenen Geschäftsjahr einen Umsatzrückgang um vier Prozent auf rund 10,6 Milliarden Euro (8,89 Milliarden Pfund). Thomas Cook hat in Deutschland rund 4 200 Mitarbeiter. Zum Unternehmen gehören in Deutschland unter anderem Neckermann Reisen, Öger Tours, Bucher Last Minute, Air Marin sowie Condor. Der große Wettbewerber in Deutschland **REWE** (DER, Meier´s Weltreisen, ITS, Jahn usw.) konnte 2010 seinen Touristik-Umsatz um 4,3 Prozent auf 4,3 Milliarden Euro steigern. (22), (25)

Trotz des Aufschwungs ist für die deutschen Reisebüros die Krise noch nicht vollständig überwunden. Gab es in Deutschland in 2009 noch 10 717 Reisebüros, sank die Anzahl derer in 2010 auf 10 370. Trotz des Rückgangs der Anzahl der Büros in Deutschland konnte eine Umsatzsteigerung von 19 Milliarden in 2009 auf 20,4 Milliarden Euro in 2010 erzielt werden. Die Geschäftsreiseumsätze stiegen von 5,7 Milliarden auf 6,7 Milliarden Euro, im Urlaubsgeschäft konnte der Umsatz von 13,3 Milliarden in 2009 immerhin auf 13,7 Milliarden Euro in 2010 gesteigert werden. (5)

Online-Reiseportale sind weiterhin im Vormarsch. So gab es laut FVW in 2009 rund 36 davon in Deutschland, die nach Schätzungen rund 5,2 Milliarden Euro Umsatz erzielten. Hauptsächlich wurden hier Nur-Flug Buchungen getätigt sowie Bahntickets und Hotelzimmer gebucht. Der Onlineanteil von Pauschalreisen in Deutschland liegt bei fünf Prozent. Die meisten online gebuchten Reisen wurden nach Antalya und Mallorca angetreten und von Personen im Alter zwischen 41 und 51 Jahren gebucht. Im Schnitt gaben die Reisenden für ihre Onlinebuchung, die durchschnittlich sieben Tage dauerte, rund 1 500 Euro aus. Das bestätigt auch eine Untersuchung des Top-Anbieters für Reiseportale Traveltainment. (19), (20)

Luftverkehr/Bahnverkehr

Im Jahr 2010 starteten oder landeten auf deutschen Flughäfen insgesamt 189,2 Millionen Passagiere. Das sind 8,6 Millionen Fluggäste mehr als 2009, das entspricht einem Zuwachs von 4,7 Prozent. Auch der Umsatz durch verkaufte Flugtickets stieg in 2010 auf 9,3 Milliarden Euro an, das ist im Vergleich zu 2009 ein Plus von 1,1 Milliarden Euro. (19)

Die Flughäfen merken nichts von Verunsicherungen

in Bezug auf Geschäfts- oder Urlaubsreisen. Vielmehr platzen die Airports aus allen Nähten und träumen von einer Vergrößerung. Allen voran der **Flughafen Frankfurt,** der 2010 von rund 53 Millionen Menschen genutzt wurde. Bis 2017 soll Terminal 3 stehen und mit ihm sollen 25 Millionen Fluggäste mehr abgefertigt werden. Die Ausbauvorhaben werden als dringend notwendig angesehen vor dem Hintergrund, dass 2012 der neue Berliner Flughafen eröffnet mit dem Ziel Fluggesellschaften in die Hauptstadt umzudirigieren. Doch nicht nur die Flugabfertigung wird wachsen, auch die Hotelbetten am Frankfurter Flughafen werden aufgestockt. Mit einer Auslastung von 82 Prozent sind Flughafenhotels die Umsatzgaranten der Zukunft, gerade am Drehkreuz Frankfurt/Main. Auch der **Flughafen München** vermeldete für 2010 einen Passagierrekord und stößt inzwischen ebenfalls an seine Kapazitätsgrenzen. Die Zahl der Fluggäste stieg 2010 um 6,2 Prozent auf rund 35 Millionen Passagiere. Und auch für 2011 werden weiterhin Zuwächse erwartet. (2), (23)

Trotzdem hat die Luftverkehrsbranche in 2010 zunächst Federn gelassen. Die Luftverkehrssteuer ist allen Reisenden sowie den Vermittlern auf den Magen geschlagen, dann auch noch die Aschewolke. Trotz anfänglicher Skepsis haben sich die Befürchtungen aber nicht bewahrheitet und der Flugverkehr läuft wie gewohnt weiter. So ist beispielsweise der Umsatz der **Lufthansa** sogar von 22,3 auf 27,3 Milliarden Euro angestiegen und das Konzernergebnis überraschte mit 1,1 Milliarden Euro, nachdem im Vorjahr noch ein Fehlbetrag von 34 Millionen Euro in den Büchern stand. Auf den Kurzstrecken will die Lufthansa auch mit Hilfe von Germanwings wieder Marktanteile zurückgewinnen. Deutschlands zweitgrößte Airline **Air Berlin** ist mit einem Gesamtumsatz von 3,7 Milliarden inzwischen auch europaweit schon die sechstgrößte Airline. Im Gegensatz zum Konkurrenten Lufthansa musste Air Berlin einen Nettoverlust von 97,2 Millionen Euro hinnehmen. Air Berlin will sich weiter vom Billigflieger-Image verabschieden und seine Ausstattung auf internationales Geschäftsreiseniveau bringen für die formelle Aufnahme in die One-World-Allianz. Als Teil eines großen Luftverkehrsbündnisse könnte Air Berlin dann seinen Kunden auch ein globales Streckennetz bieten. (21), (26), (9)

Trotz massiver technischer Probleme im Sommer- und Winterpersonenverkehr erhöhte sich bei der **Deutschen Bahn** die Zahl der Fahrgäste 2010 gegenüber dem Vorjahr um 42 Millionen Reisende auf 1,95 Milliarden und lag damit sogar über dem Rekordjahr 2008. Der Umsatz stieg um 13,7 Prozent auf 34,4 Milliarden Euro. Auch 2011 werden allerdings wieder hohe Aufwendungen für die Beseitigung technischer Probleme an ICE-Zügen und S-Bahnen das Ergebnis belasten und auch die Zukunft des Bahnhofsprojekts Stuttgart 21 ist noch nicht geklärt.

Natürlich sitzt die Angst vor terroristischen Anschlägen im Flug- und Bahnverkehr noch allen Vielreisenden im Nacken. Immer wieder kommt es vor, dass Terminals von Flughäfen und die größeren Bahnhöfe in Deutschland wegen Bombenalarm gesperrt werden müssen. Auch die diversen Naturkatastrophen verunsichern die Reisenden. Doch trotz aller Behinderungen im Flug- und Bahnverkehr verlief der Start ins Jahr 2011 positiv, vor allem für den Geschäftsreisebereich. Von den in 2011 häufiger geplanten Geschäftsreisen profitieren die Airlines sowie der Bahnverkehr. Und das nutzt auch die Konkurrenz aus dem Ausland. So setzten beispielsweise Airlines aus den Golfstaaten die traditionellen Anbieter unter Druck und fliegen immer mehr Destinationen an. Emirates will sich beispielsweise gleich einen Großteil der Geschäftsreisenden sichern und hält bei einem First- oder Businessclass Flug nach Dubai zwei beziehungsweise eine gratis Übernachtung bereit. Obwohl es international nach den großen Fusionen in den USA (Delta/Northwest und United/Continental) sowie den Zusammenschlüssen in Europa (BA/Iberia) im Luftverkehr zunächst ruhiger geworden ist was Übernahmen betrifft, scheint das Ende nicht erreicht. Die hohen Kerosinpreise belasten einige Airlines enorm. Sie haben Mühe schwarze Zahlen zu schreiben. Der Weltluftfahrtverband Iata vermeldete zudem wegen der Auswirkungen der Naturkatastrophe in Japan und den Ereignissen in Nordafrika und im Nahen Osten zwischenzeitlich weltweit einen Nachfrageknick. Das wird den Fusionsdruck mittelfristig wieder erhöhen. (1), (7), (10)

Tourismus in Europa und der Welt

Die Rahmenbedingungen für den internationalen Tourismus wurden in 2010 besser. Nach Angaben der Welttourismusorganisation (UNWTO) stiegen die Touristenankünfte weltweit an. In 2010 sind nach Schätzungen des UNWTO rund 935 Millionen Reisende in 150 Zielländern angekommen, das ist ein Plus gegenüber 2009 von sechs Prozent. Obwohl die Anzahl der Reisenden gestiegen ist, sind die weltweiten Einnahmen gesunken, da viele ihren Aufenthalt verkürzt hatten. Dennoch profitiert die Tourismusbranche weltweit von der steigenden Reiselust. Vor allem der mittlere Osten und Asien können sogar zweistellige Zuwachsraten aufzeigen. (19)

Die Tourismusbranche ist katastrophenerprobt. Mit dem Anschlag auf das World Trade Center war nichts mehr wie es einmal war. Seitdem geben sich

Naturkatastrophen und Anschläge von terroristischen Organisationen die Klinke in die Hand. Leider hat auch das Jahr 2011 wieder mit einigen Rückschlägen begonnen. Die Unruhen in Ägypten und Tunesien, der Reaktorunfall in Japan in Folge eines Erdbebens und Tsunamis, die Aufstände in Libyen, jüngst der Anschlag in Marrakesch und wieder mal eine Aschewolke halten die Branche in Atem. Auch die Ölkrise und die damit steigenden Preise bereiten den Touristikern in aller Welt Kopfzerbrechen. Trotzdem sieht es so aus, als ob es durch diese Katastrophen und Vorfälle eher eine Verlagerung der Urlaubsreisen geben wird als den totalen Ausfall. Die Reisenden sind Chaos in den letzten Jahren gewohnt und sind flexibler geworden. Man versteift sich nicht mehr auf ein bestimmtes Ziel, sondern reist dann eben dorthin, wo es vermeintlich sicher ist. Natürlich pusht diese Entwicklung den Tourismus im eigenen Land und in Europa. Wem eine Flugreise zu risikoreich geworden ist, der weicht prompt auf die europäischen Nachbarländer aus. Daher wird das Jahr 2011 rund um den Globus touristisch wohl wieder erfolgreich werden. (10)

Trends

Web-Buchungen nehmen weiter zu

Die Angst, dass der Kunde sich mehr und mehr vom stationären Vertrieb entfernt, ist groß und begründet. Besonders im Flugbereich. Im Februar 2011 wurden fast eine halbe Milliarde Besucher weltweit auf Reisewebseiten gezählt, das entspricht einem Plus von 18 Prozent. Besonders auf den Seiten der Billigfluganbieter explodierten die Besucherzahlen. Ein Großteil der Nutzer dieser Seiten ist die Zielgruppe bis fünfzig Jahre. Nicht verwunderlich also, dass die Reisebüros vermehrt auf die Best Ager setzen. Diese Altersklasse ist zwar in den rund 500 Millionen Besuchern enthalten, nutzt aber die Plattformen meist nur zur Information und bucht weiterhin im Reisebüro. (6)

Auch Hotelvermittlungsportale wie HRS müssen sich ab 2011 warm anziehen. Britische Hoteldatenbanken drängen in den deutschen Markt. Die so genannten Bettenbanken kaufen Kapazitäten ein und bieten sie über Veranstalter, Reisebüros oder Onlineportale an. Doch neu war diese Nachricht für viele Veranstalter nicht, so haben sich TUI Travel und Thomas Cook auch schon bei Bettendatenbanken umgesehen und sich Anteile gesichert. Für die Reisebüros sind diese Anbieter interessant, denn sie bieten Provisionen von bis zu 15 Prozent. Obwohl der stationäre Vertrieb hier den großen Umsatz wittert, wird der größte Teil des Umsatzkuchens wohl bei den Onlineportalen hängen bleiben. Großbritannien macht es vor, hier ist der Onlinesektor der größte Markt für Bettenbanken. (15), (12)

Veranstalter rüsten ihr Krisenmanagement auf

Nach all den Katastrophen der Vergangenheit - von Flutwellen über Flugzeugabstürze bis hin zu Vulkanausbrüchen und Terroranschlägen - sind die Veranstalter inzwischen leiderprobt. Ein Grund mehr, sich für solche Krisensituationen besser zu rüsten. Thomas Cook zum Beispiel hat sich 2010 sein Krisenmanagement erstmals TÜV zertifizieren lassen. Vorreiter war hier die TUI, die diesen Schritt schon Jahre getan hat. Katastrophen zwingen die Veranstalter immer wieder zum Handeln. Deshalb werden nach und nach alle Veranstalter ihr Krisenmanagement weiter ausbauen, damit sich der Kunde auch in schwierigen Zeiten im Ausland gut betreut fühlt und im Notfall auf seinen Veranstalter zählen kann. Ein weiterer Schritt in diese Richtung ist beispielsweise auch das "Global Monitoring" Tool, mit dem Veranstalter im Krisenfall analysieren, wie viele Ihrer Gäste sich in der betroffenen Region befinden.

Erste Tests laufen seit April 2011. (10)

Zahlen & Fakten

Abbildung 1: Reisen der Deutschen 2010 in In- und Ausland

Alle Reisen	310 Millionen	+ 3%
Übernachtungen	1,6 Milliarden	+ 5%
Ausgaben	132 Milliarden Euro	+ 5%

Quelle: Deutscher Reisemonitor (11)

Abbildung 2: Bevorzugte Urlaubsumgebung von Deutschen in Deutschland 2010

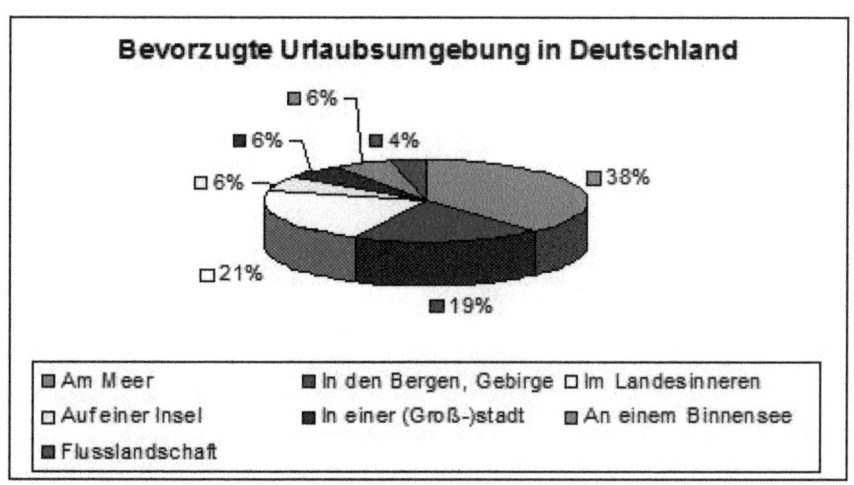

Bevorzugte Urlaubsumgebung in Deutschland

6%
6%
6%
4%
38%
21%
19%

■ Am Meer   ■ In den Bergen, Gebirge □ Im Landesinneren
□ Auf einer Insel   ■ In einer (Groß-)stadt   ■ An einem Binnensee
■ Flusslandschaft

Basis: 4.000 private Haushalte. Entnommen aus: Werben und Verkaufen, 11/2010, S. 14

Weiterführende Literatur

(1) Viel Sonne, wenig Wolken am Geschäftsreisehimmel
aus Tourismuswirtschaft Austria & International
Nr.2051/11 vom 29.04.2011, Seite ALL Biz-News"T.A.I."
Nr. 2051/11 vom 29.04.2011 Seite: 6

(2) Flieger voller Hotelgäste
aus Immobilien Zeitung Nr. 15 vom 14.04.2011 Seite 25

(3) Im Urlaubsflieger auf Dienstreise
aus VDI NR. 14 VOM 08.04.2011 SEITE 19

(4) Kein Halten mehr für Reise-Superstar Deutschland

aus "T.A.I." Nr. 2045/11 vom 18.03.2011 Seite: 11

(5) Das Wetter belastet den Gewinn der Bahn
aus Frankfurter Allgemeine Zeitung, 01.04.2011, Nr. 77,
S. 15

(6) Halbe Milliarde Menschen surft über Reiseseiten
aus Tourismuswirtschaft Austria & International
Nr.2050/11 vom 22.04.2011, Seite ALL reisebüro,
agenturen"T.A.I." Nr. 2050/11 vom 22.04.2011 Seite: 4

(7) Airlines benötigen Preismacht und Fusionen
aus Finanz und Wirtschaft vom 14.05.2011, Seite 29

(8) LCC-Geschäftsreisebüros peilen Umsatzmilliarde
an
aus fvw Nr. 08 vom 15.04.2011 Seite 043

(9) AIR BERLIN. Abschied von den Billigfliegern - eine
Fluggesellschaft sucht ihren Kurs // In Turbulenzen //
Deutschlands zweitgrößte Airline wird ihre Probleme
nicht los
aus Der Tagesspiegel Nr. 20950 VOM 17.04.2011 SEITE
022

(10) Leben mit der Unsicherheit
aus fvw Nr. 08 vom 15.04.2011 Seite 016

(11) Mit Schwung ins neue Urlaubsjahr
aus Allgemeine Hotel- und Gastronomie-Zeitung Nr.
12 vom 19.03.2011 Seite 012

(12) DIHK-Tourismusreport 2010/11

aus Omnibus Revue, Heft 02/2011, S. 37

(13) Deutschland-Tourismus boomt
aus Omnibus Revue, Heft 02/2011, S. 36

(14) D, International: Top Reiseländer und
Reiseveranstalter, Reisemarkt 2007-2010
aus Werben und Verkaufen, 11/2010, S. 14

(15) Suche nach Mehrwert gegenüber
Buchungsportalen
aus Tourismuswirtschaft Austria & International
Nr.2048/11 vom 08.04.2011, Seite ALL Hotel &
Gastronomie"T.A.I." Nr. 2048/11 vom 08.04.2011 Seite:
11

(16) DEHOGA: Aufschwung stabilisieren
aus Tourismuswirtschaft Austria & International
Nr.2048/11 vom 08.04.2011, Seite ALL Hotel &
Gastronomie"T.A.I." Nr. 2048/11 vom 08.04.2011 Seite:
11

(17) DEHOGA-Konjunkturumfrage Winter 2010/11 -
Ausblick Sommer 2011
aus Tourismuswirtschaft Austria &
International Nr.2048/11 vom 08.04.2011, Seite ALL
Hotel & Gastronomie"T.A.I." Nr. 2048/11
vom 08.04.2011 Seite: 11

(18) Commerzbank Reisestudie 2011
aus Tourismuswirtschaft Austria &amp;
International Nr.2048/11 vom 08.04.2011, Seite ALL

Hotel &amp; Gastronomie"T.A.I." Nr. 2048/11 vom 08.04.2011 Seite: 11

(19) DRV- Zahlen und Fakten zum deutschen Reisemarkt 2010
aus Tourismuswirtschaft Austria &amp;amp; International Nr.2048/11 vom 08.04.2011, Seite ALL Hotel &amp;amp; Gastronomie"T.A.I." Nr. 2048/11 vom 08.04.2011 Seite: 11

(20) Traveltainment - Top Ten Analyse 2010
aus Tourismuswirtschaft Austria &amp;amp;amp; International Nr.2048/11 vom 08.04.2011, Seite ALL Hotel &amp;amp;amp; Gastronomie"T.A.I." Nr. 2048/11 vom 08.04.2011 Seite: 11

(21) Haben wir uns gut er holt?
aus fvw Nr. 13 vom 25.06.2010 Seite 016

(22) UPDATE
aus WELT AKTUELL, 01.12.2010, Nr. 234, S. 6

(23) Der Flughafen München stößt an seine Kapazitätsgrenzen
aus Handelsblatt Nr. 028 vom 09.02.2011 Seite 22

(24) TUI will Schlagkraft in Deutschland erhöhen
aus Frankfurter Allgemeine Zeitung, 05.02.2011, Nr. 30, S. 15

(25) Geschäftsjahr 2010: REWE Group steigert Umsatz

auf 53 Milliarden Euro
aus news aktuell, 2011-05-24

(26) Lufthansa greift auf der Kurzstrecke an
aus Handelsblatt Nr. 055 vom 18.03.2011 Seite 26

Impressum

Branchenreport TOURISMUS Ausgabe 1/2011

Bibliografische Information der deutschen Nationalbibliothek

Die Deutsche Nationalbibliothek verzeichnet diese Publikation in der deutschen Nationalbibliografie; detaillierte bibliografische Daten sind im Internet über http://dnb.d-nb.de abrufbar.

ISBN: 978-3-7379-1938-8

© 2015 GBI-Genios Deutsche Wirtschaftsdatenbank GmbH, Freischützstraße 96, 81927 München, www.genios.de

oder ähnliche Einrichtungen und die Einspeicherung und Verarbeitung in elektronischen Systemen.